I0559829

粉紅兔小冬冬的百科小站 1

Rowena Kong

Annie Ho

Rowena Kong

2023

粉紅兔小冬冬：別小看這蝴蝶結,它可是數學裡永恆的標誌！

First Printing: 2023

ISBN: 978-1-998152-68-1

Rolleen Rabbit Book Collection 6

為什麼天氣超級熱的侍候，不能用冰水洗澡？

就讓喜愛蔥花的粉紅兔來替您解答！

冰水會導致皮膚以及器官血管收缩，因為需要保存身體的熱度(熱氣)－我們是熱血動物，熱度對我們的體內是超級重要的，器官需要熱度來維持體力。血管收缩，熱度就不會大量泄漏給體外的環境，但是這也必會導致血壓立即短短時間內快速和大速增加，因為血管的体积縮小，血壓就相反的增加(化学原理)。血壓標高或增加，對心臟也有影響就使人體許多不舒服的徵狀。。。在這種狀況之下，大概就要先治血壓方面，再來調整體溫。。。

為什麼天氣或季節轉冷時，人體的血壓會升高？

冷天或寒冷季節的侍候，我們的體溫會和環境的差別有所提高。科學裡，高濃度的空間會向著低濃度的空間所流失和流傳，如人體更高的熱度流傳給較冷的氣候環境。為了要保住穩定的體溫，血管必須保存和避免熱度(熱氣)的遺失，於是血管收縮，熱度就不會大量泄漏給體外的環境。

血管的体积縮小，血壓就相反的增加(化学原理)，畢竟血管裡頭的空間變小了。為什麼血管需要利用收縮的方式呢?

收縮的話，血管的裡外頭的面積數量也會減少較多，血管和裡頭的血成份的曝露領域和空間也跟著減少較多，熱溫和熱氣也不會流失的那麼多，尤其是血的鐵質成份(鐵質是用來保存和運輸熱度給身體各個器官的，除了氧氣以外-該明白為什麼脫氧的血的熱度較少吧？)。

Q. 為什麼在寒冷的天氣下，我們會更經常排尿？

天氣冷時，為了要保住穩定的體溫，血管必須保存和避免熱度(熱氣)的遺失，於是血管收縮。我們在前頁也看過了，血管收縮會導致血壓升高，於是體內需要減少血的容量來保持正常穩定的血壓。腎壓力感受器能夠檢測到血壓的提升和變動，於是有功能減低血壓並且過濾多餘的腎器官從血液搜集的水份或液體。這就是我們經常排尿的原因。

Q. 為什麼小孩會比成年人更喜歡吃喝甜**的**食物飲料？

成長過程中的小孩其實不只是需要高量蛋白質而已如現代科學所說的，但是還比大人更加需要碳水化合物或糖類。要有一個健康正常成長中的免疫系統也需要能量來創造防禦細胞，例如白血球，血小板等等，也就是這原因嬰兒需要長時間的睡眠。這還沒包含其它身體器官例如腦部，肌肉細胞所需要的基本能量。另外，碳水化合物或糖類是所有食品中最容易被消化的，連唾液腺都可有唾液澱粉酶來初消化澱粉和脂肪類來供應能源，能為正在成長中的小孩體內省掉大量的資源，因為人體的許多蛋白質成分例如消化酶，神經化學和激素是需要較多能源來連續創造生產的。

為什麼天氣季節轉冷時，細菌昆蟲少於接近食物？為什麼冰箱裡的食物不容易壞？

天氣熱時，熱的溫度使某些食物分子轉成以氣態分子的形式蒸發到空氣中，使嗅覺細胞感覺到氣味。這個感覺過程是要靠氣候熱的溫度才能進行。

如人類，細菌昆蟲也有專屬於牠們的嗅覺細胞(尤其是蒼蠅蚊子)，超級能量的種類能夠在遠距離探測和感覺到氣味(牠們就是靠這個原能和氣味的氣態分子散發到空氣中而尋找以及得到食物來為此生命，因為這個是對這些超小型的動物最快速度的過程)。

現在應該明白冰箱裡的超冷溫度使細菌昆蟲難以接近食物了吧(原因不只在於距離的關係而已)。

縱橫字謎

〃來填填字看你知多少...填到粉紅格子可有高分！〃

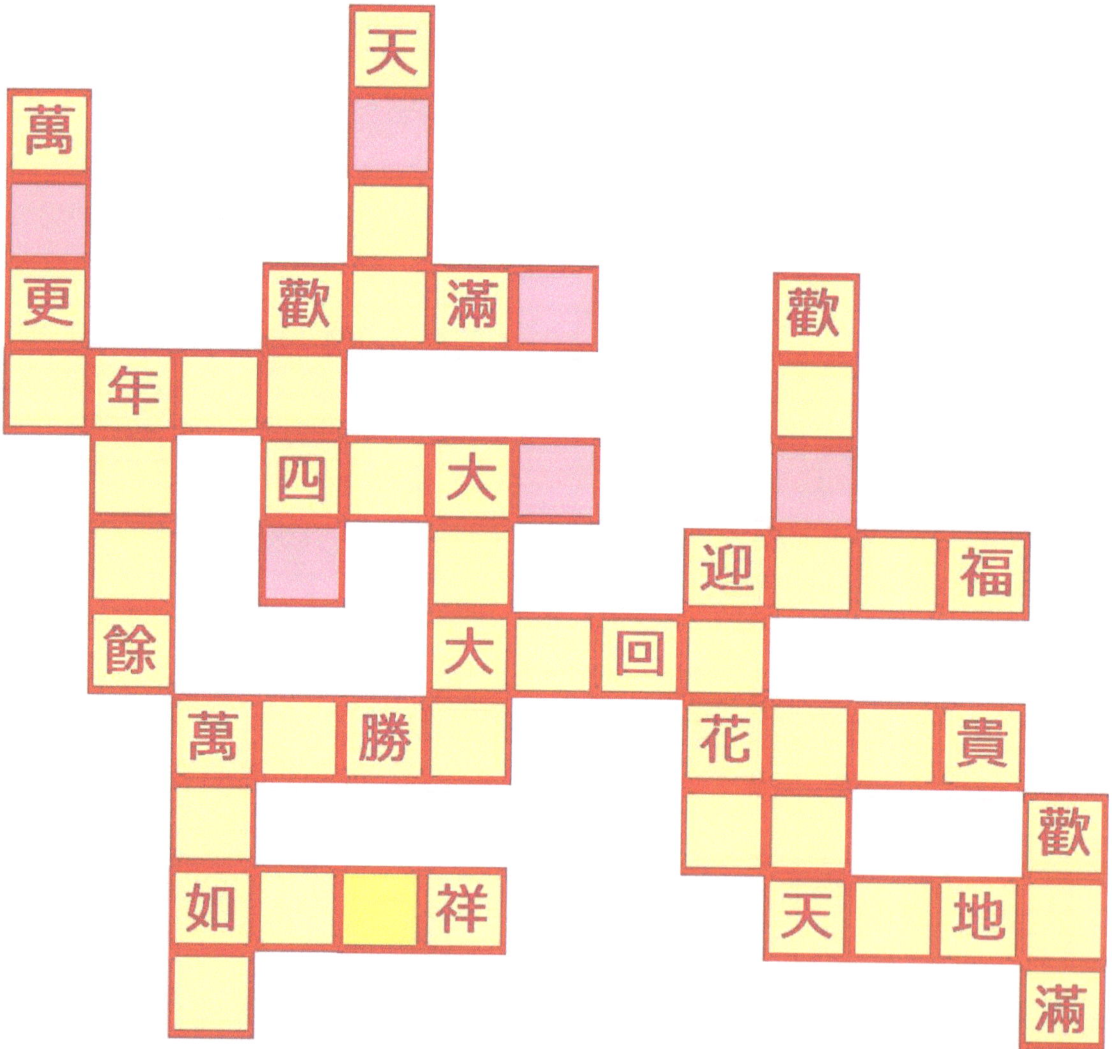

			天								
萬											
更			歡		滿				歡		
	年										
			四		大						
							迎			福
餘				大		回				
萬		勝				花		貴
								歡
如			祥			天	地	
							滿

Q. 為什麼氣候冷時，我們會打噴嚏？

氣候冷是溫度降落和熱度減少的現象。環境的溫度比人類體溫較低時，人體的熱溫就會多數泄漏給環境。人體是很需要保持一定的熱溫度的，所以為了避免連續熱氣流傳給環境，血管和肺器官就會收縮並減少外露的面積部份。只有減少外露的血管和肺器官的面積部份空間才能阻止人體內的多餘熱溫泄漏，但是這也導致血管和肺器官的容量減少和氣管壓飆升。打噴嚏是為了釋放增加的體內氣管壓，越被提高的氣管壓數量就會使多數次打噴嚏。

Q. 為什麼專家們說個人的恐慌和害怕會導致更容易得病？

當一個人感到恐慌和害怕時，身體神經器官就會有所提升反應立即行動來減少恐慌。這些提升的神經反應數量就會使更多的血量和氧氣供應給肌體和腦部來處理恐慌而傳離免疫系統的器官。同時，神經反應提升也使血壓和皮質醇荷爾蒙增加，結果免疫系統就會有降低的血量和氧氣供應，導致少數工作能力，所以個人就會容易感染病毒。

Q. 為什麼水果有些比較甜而其他的卻很酸？

同類或異類的水果都會有甜酸度的差別。原因在於果內糖量的成分生產量也除了依靠着太陽的UV(ultra-violet) 紫外光線還需要必定的熱溫度吸收。這份光與熱度吸收量度在每個同類或異類水果是有差別的。有沒有發現氣候比較冷的溫帶和熱帶地區生產的水果種類的甜酸度差別？熱帶地區國家的多數水果種類可比溫帶多倍的甜和大形狀，原因在於一年四季的連續陽光和熱氣溫被提供給熱地帶植物園比溫帶的更多，而酸度比較高和少於糖份的柑橘果類也是溫地帶的國家頭號生產物。

色彩代表性

為什麼醫生穿白服，連大廚師也穿白的呢？是因為"白"種人傳統的注重"白"色的原因，能帶給他們種族的一種清潔和榮耀（基督教關聯）的意思（甚至如聖誕節冬季裡的白雪那樣，但是最基本的原因還是來直於白種人的皮膚顏色的關係），地位和感覺。但是，對東方人來說，傳統的制服又其實是擁有差別還是相同性呢？應該不如現代世界這麼樣。。。對於華人傳統來說，黃金色才是最有純潔，多姿多彩和高等級的代表性和意思，因為我們注重多收成，財富（並不是壞事），智富，和如純金被精煉磨練的過程效果。東方人傳統雖然不強力注重物理學，但是我們的祖先忍得耐得，吃得苦中苦，懂得避險，

把這傳統交託給我們。

Q. 為什麼我們人類會哭泣？

專家們通常說人類生氣時會將血壓升高。如此，人類過度傷心時也同樣會使血壓提高，因為情緒激發起交感神經的反應行動來降低情緒而能夠儘快的恢復體內的平衡度。為了讓情緒恢復，其中一個方法就是由交感神經來製造眼淚，因為眼淚的成份有水分和鹽量，這兩樣都有保存着一定的高壓力量能被釋放到體外。於是，通常經過大量哭泣時候，個人都會覺得壓力被解除。。。或許壓力更多就會使有更多的眼淚被散出，將個人的情緒狀況能快速恢復到傷心之前的平衡點。

Q. 為什麼發高燒時需要喝更多白開水？

當然，喝白開水是自自然然的能退燒的。白開水能吸收人體內流傳的熱氣度，因為它擁有高量的比熱容(specific heat capacity)。當喝完水而排尿後，被吸收進入白開水容量的人體內熱氣就會跟隨着尿而被排出，之所以發高燒時經常排尿是一個退燒的其中重要治療方法，就如在世界各地越靠近海洋的地區能時刻保持溫和的氣候那麼樣。

Q. 為什麼梅花會在春天季節才開花？

所有四季花種類都會按照專屬於它最適合的氣候溫度而開花。花兒植物能察覺到氣候溫度和濕度，因為花兒是很需要水分維持生存的。最適合梅花誕生的溫度通常都是在溫和十攝氏度以上和十五攝氏度以下。那為什麼秋天的相同溫度時，梅花不開呢？因為秋天的氣候溫度是一天比一天下降，與春天溫度越來越上升是相反的，之所以春天氣候可帶給梅花樹越來越多熱能。太熱的氣候使梅花花瓣的水分往環境泄漏使它乾燥。而太低溫的氣候沒辦法貢獻熱能製造梅花蕾。這是為什麼梅花會在某些地區比更寒冷的地區更早開花。為什麼梅花能比玫瑰花更早開花呢，是在於溫和的氣候溫度已經有足夠的熱能被梅花樹吸收來製造花蕾，就如梅花兒帶給人人一種特別溫和的感覺一樣。在最剛剛好適合的溫和氣溫範圍裡的某個溫度的某天達到時，就會使梅花蕾全盛爆滿整棵樹。這是一個美好春天的開始。。。

Q. 為什麼新冠病毒會使病患身體超級累或失去臭覺和味覺？

原因在於新冠病毒是神經系統的多巴胺受體拮抗劑，會對抗重要的多巴胺為我們身體所做的廣大功能。多巴胺多數使我們體力和精神加倍，再來幫助我們時刻感受與享受到食物的味道。當新冠病毒進入體內，會黏附並塞住神經受體使受體沒辦法感應氣味元素。這效果會導致失去味覺和臭覺。多服用鹽水沖洗鼻子或許會有幫助。

Q. 為什麼春天和秋天很常下雨？

原因在於季節的氣候溫度。春天與秋天的氣候溫度是在中溫和的 8-15 攝氏度範圍之內。這氣候溫度範圍不低如冬天或高如夏天就會使空氣的水分很容易結成雨水。若氣候在高一些，環境的水分就會為此在氣態狀況使夏天時乾燥不容易下雨，天上的雲朵也沒那麼多。氣候和純水的沸點和冰點是有差別的，畢竟氣候環境裡存在着許多不同的氣體，不只是氧氣和水分而已。冬天時，更加低的氣溫就會使水分或水量結成冰雪。請看以下拼圖。。。

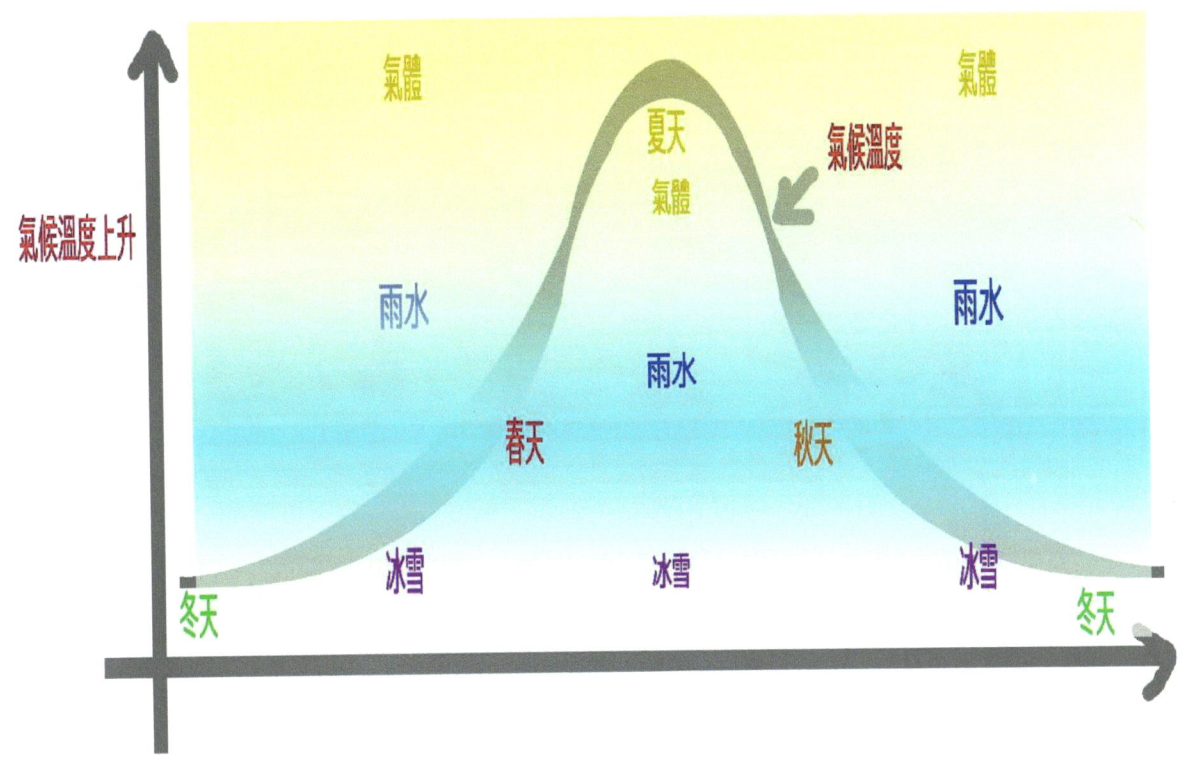

Q. 為什麼很多人都喜歡喝冰冷的白開水？

冰冷的白開水可帶着加倍甜甜的口感，好像已加了糖份一樣。低溫的水比熱水更能夠溶解氧氣和其他氣體，碳酸化學反應和成份就使冰冷的水更有味道。無論是汽水，果汁或白開水，低溫和氧氣成份使它們更好喝和擁有加倍甜蜜的味道。這也是為什麼冰淇淋會又甜又好吃，引起體內多巴胺神經受體的反應，使你胃口大開繼續的吃喝多點也同時感到享受的體驗。

Q. 為什麼我們吃飽後會覺得睏或疲累？

不管是人類或動物，吃飽後就是體內該把食物消化的時候。這時，體力的存量是會從交感神經轉移到副交感神經系統以及消化系統。消化系統需要更多體力工作，而副交感神經系統就會聯手降低交感神經使用的體力讓食物能繼續的消化並吸收到血管與許多器官。我們會比較想睡或感到累就是體力被使用在肌肉和腦部以外，避免我們好動做多事－消化系統正是主角！

Q. 睡前看故事書真的好嗎？

無論讀故事書怎麼爽或令小孩感到有趣也需要精神和體力，使皮質醇荷爾蒙在夜晚比較低量的時段反而升高。皮質醇荷爾蒙升高能刺激血壓提高才能有精神和體力集中讀書。這會使腺苷(adenosine)

減少作用，個人也不太會想睡了。更好的紓壓方式就是在晚上睡眠前喝熱飲料使血壓和皮質醇荷爾蒙定時健康的降低。隔天一大早在皮質醇荷爾蒙最高數量的時段才是讀書溫習功課最適當和不容易疲倦的選擇。

Q. 為什麼我們超口渴時越想喝甜飲料？

我們超級口渴時會引起遞質多巴胺增加和受體反應。這個自然體內神經受體反應的原因或目的就是為了要鼓勵我們越快喝水越好，尤其是當大量汗水被排出時候。多巴胺增加會引起我們想喝越甜飲料越好是因為渴望高甜度會使我們尋到飲料接下喝大量的水(甜口感的吸引力)。當我們的口渴感已經被滿足和體內成功吸收回大量飲料就是多巴胺的工作已完成，很快速度的多巴胺就會降低了，我們也立即不怎麼想喝超甜的飲品了。

Q. 為什麼大多數中國省份和韓國都有超辣的菜色，而廣東省的卻相反不辣？

吃辣椒有它某個成份會刺激體內製造出熱溫可保暖身體，而祖先在中國和韓國就是發現這點辣椒類的特出，於是在超級寒冷的國家省份就是依靠辣椒菜色來保暖體溫。相反的，在溫和天氣的南方省份(廣東省)和熱帶氣候地區，居民不需要特別抗拒寒冷或保暖體溫，所以祖先不使用辣椒食料代代傳下來的就不怎麼吃慣也難受得了辣椒。

Q. 為什麼我們吃了煎炸食物後，喉嚨會不舒服？

相信大家都知道油和水是不能摻成一體的。煎炸食物有高量油的成份進入喉嚨是會排斥水分，使喉嚨特別乾燥。當乾燥或水分遺失，打擾了體內部份(喉嚨)的平衡點就會引起免疫系統自然和緊急反應。接下，免疫系統就會快速製造喉痰來保濕那被食物帶入的油而排斥跟失去水分的喉嚨部份。這時，喉嚨不舒服就該多喝水來幫忙和接替免疫系統的工作，免疫系統才會得到指令來減少或停產喉痰的份量。

Q. 為什麼我們會得暗瘡？

其中一個原因是因為體外氣候的熱度，尤其是在炎熱的地區會使更容易長暗瘡或痘飽在臉上。體外的熱度高於體內使血管舒張並擴張，因為我們的體溫必需保持在穩定的範圍之內。體內吸收的熱氣提高就使血流獲得精力增加循環速度和擴張範圍。當這增加率超越血管的體積極限，某個部份就會擴張結成球狀暗瘡來減少熱度製造的氣力和壓力。

Q. 為什麼芹菜會降血壓？

芹菜含有植物化學成分使血管舒張並擴張。這些植物化學成分提供芹菜的氣味，而這菜類也是光靠這氣味特色才能舒張血管。這獨特氣味製造氣體增加佔據血管的容量(血的液體加上氣體的空間)使它同時擴張，減低血壓。類似的，洋蔥，蒜頭和薑也有相同的氣味功能，可以排除病菌和降血壓。

Q. 為什麼新冠病毒感染者會大多數得炎症？

原因很簡單，就是身為遞質多巴胺的受體拮抗劑，新冠病毒透過這路線而影響到體內的免疫系統。免疫系統的某些細胞體都含有遞質多巴胺的受體，因為多巴胺對於免疫系統有一定的作用和幫助。當遞質多巴胺接觸到免疫細胞體，例如淋巴細胞，它可調整或降低免疫系統的炎症反應，轉向外體力給炎症反應的供應量。但是，如果遞質多巴胺的受體拮抗劑的新冠病毒貼進然後塞住免疫細胞體的多巴胺受體而取代多巴胺的工作的話(請看以下圖案)，炎症(例如肺炎)就無法受控，病情就越嚴重。

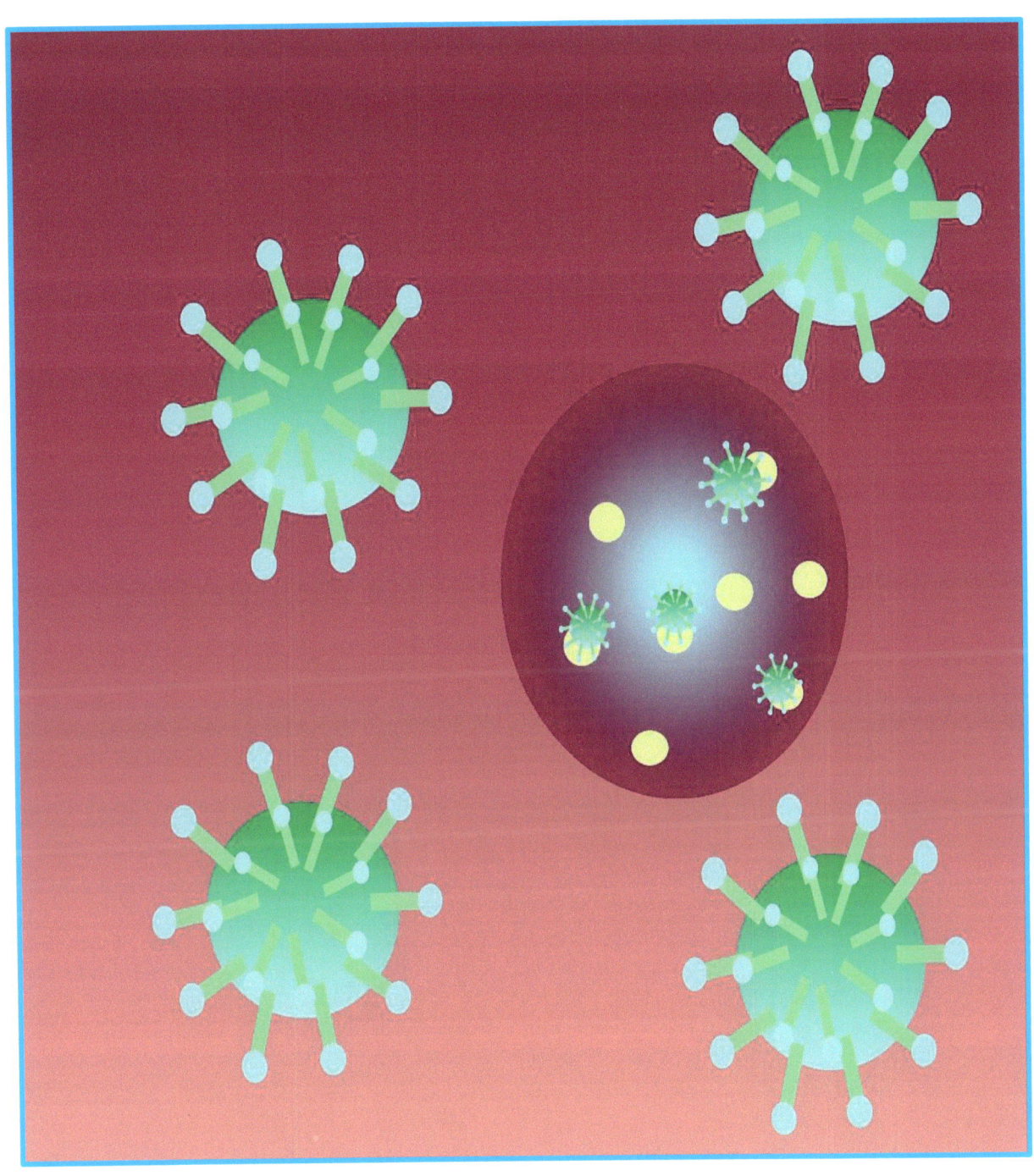

Q. 為什麼生薯子發芽後不能吃？

為了安全起見，生薯子在室內發芽後最好是不要吃. 這是因為嫩芽含有配糖生物鹼(glycoalkaloids)來避免人類和動物食用它們。這會使薯子的嫩芽可獨立的自我保護和維持生存率。擁有配糖生物鹼以防嫩芽被吃掉就使它們能安全的繼續生長成植物給多收成。這是上帝賜給這世界的許多薯子成員的維持生命和增加品種數量的方式。這也是為什麼各種花兒種類不能安全被食用，因為這防禦機制需要保持它們被觀賞愛惜的生存地位。

Q. 為什麼吃糖份能降低壓力和皮質醇荷爾蒙？

吃糖份或葡萄糖能把體力轉離開交感神經到消化系統，畢竟糖份是能夠最快速被吸收和消化的。人體力是有限的，也會當時被分配給各個最適當或需要的體內系統。當我們一食用糖份或葡萄糖，當時體內的消化系統就會比正在製造皮質醇荷爾蒙的交感神經更加需要體力供應量，結果就會分配到此，並且降低神經壓力。除此之外，食用糖份也能提高遞質多巴胺的製造量，就會使個人感到放鬆和舒服的情緒轉變。

Q. 靈芝真的能幫助到巴金森氏症嗎？

食用靈芝(英文：Ganoderma Lucidum Reishi Mushroom)是能提高體力和使人精神加倍的。這是怎麼造成的呢？其中一個過程就是透過多巴胺受體，也也許是牽動在免疫系統存在着的多巴胺受體。靈芝很有可能是多巴胺受體的激動劑，畢竟多巴胺對人體的用處就是來提高精神和活力的(英文：dopamine receptor agonist). 在加上科學研究發現靈芝能保護多巴胺的神經細胞，這可是原因為什麼靈芝能對多巴胺神經細胞退化症狀的巴金森氏症有所幫助。

Reference

Zhang R, Xu S, Cai Y, Zhou M, Zuo X, Chan P. Ganoderma lucidum Protects Dopaminergic Neuron Degeneration through Inhibition of Microglial Activation. Evid Based Complement Alternat Med. 2011;2011:156810. doi: 10.1093/ecam/nep075. Epub 2011 Jun 18. PMID: 19617199; PMCID: PMC3136196.

Q. 為什麼當某些人過度工作會不覺得肚子餓？

過度工作利用精神會使皮質醇長時間升高。交感神經和皮質醇與血壓升高有密切關係，雙方互相激活和降低體力給消化系統的供應分配量。這使胃口減少和消化系統不靈活，畢竟交感神經正使用着大部分體力。即使停止工作後，大約還需要一會兒腦部放鬆過後來降低皮質醇才能恢復胃口和餓度。

Q. 為什麼熱帶水果紅毛丹有"毛毛"？

紅毛丹有"毛毛"可以說是為了吸引熱帶森林小動物的注意，因為只能水果製造甜甜好吃的味道才使小動物食用紅毛丹，然後身體排出水果的種子可落地生根傳達並且維持紅毛丹水果的種類。但是，除了森林的小動物能幫助維持種類，"毛毛"的輕重量熟了而掉也能容易被大風吹起，因為如紅毛丹的"翅膀"那樣製造空氣阻力來被風帶吹得更遠距離寬大的地方。這也是原因為何小型的水果如紅毛丹只有輕重量的一個種子而已，因為它們能利用大風力量或空氣阻力來熟後傳達種子的生根範圍。只有一顆種子就是提示我們它有足夠的生根成功機率了，也能保持水果被風帶起的輕重量。儘管如此，大型或高重量的熱帶水果類就沒辦法使用這方式，就只能依靠森林大小動物的幫助，之所以這些大水果類需要製造更多數量的比較小型種子給動物吃得更多排出到個個地方的角落，因為生根的成功機率比較低很多。這些重量大水果類擁有更多數種子，就會讓動物能傳達生根成功的機率更加高，畢竟不能依靠大風空氣帶領的方式了，除非已經被食用排出動物體內了。

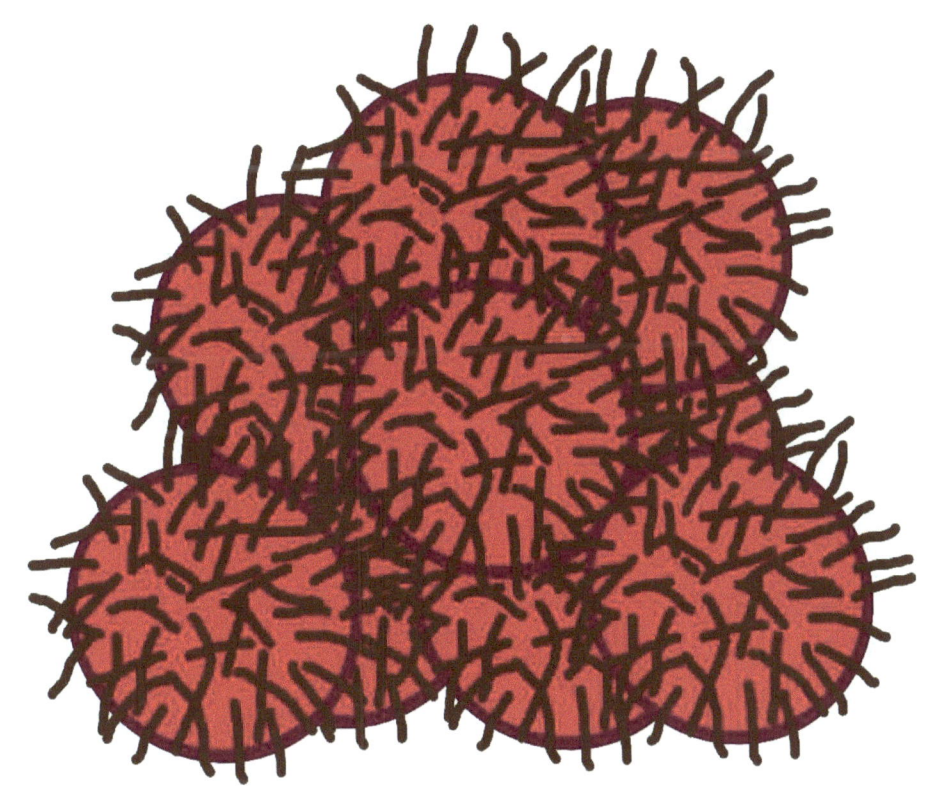

現在，應該明白為什麼大型高重量的西瓜和木瓜會擁有這麼多數量的小種子了嗎？

Q. 什麼能幫助便秘？

長輩說的是有理由的－素菜水果要常食用就能避免便秘。這類食物擁有高量水份能供獻給大腸，使腹肌動態和消化容易，並且與大腸潤滑的界面能快速將食物運動而被排出。其中便秘症狀的原因是因為低水份使大小腸不靈活而胃腸道乾燥。吃乾燥或低水份的小麥粗糧類似的食物來解決便秘也不一定是個好方法。嘗試高水份的青菜心，包菜，高麗菜，小白菜，油菜和多汁的柑橘類或大型的西瓜，木瓜，梨子和芒果，再加上多喝果汁會比較有幫助。

Q. 世界上有那麼多青草綠樹是有什麼特別的好處嗎？

擁有許多青草綠樹環境的顏色讓眼睛看得多是有必定的好處。青綠色身為大自然的主色也是中立的顏色。在電磁可見光譜範圍裡，青綠色是排在中央點的部分。它不如紅暖色(接近紅外輻射)有那麼的高波長，也遠離藍紫色(接近紫外線)的高頻率，是擁有一定的平衡點。因此，青綠色不吃傷眼力，對情緒健康也有好處。

Q. 為什麼陽光能使心情好？什麼是"快樂荷爾蒙"？

所為的有名遞質多巴胺就是人口中的"快樂荷爾蒙"，畢竟它使人感到好心情和擁有歡樂反應。當陽光或光線進入眼部，視網膜的細胞就會製造並釋出多量遞質多巴胺。這下，遞質多巴胺接觸受體使腦部– 中腦邊緣獎勵系統的受體也有所反應和感染情緒荷爾蒙。一般體內反應就是好情緒，精神提高和製造興奮的感覺，使人加強活力–這效果就是多巴胺的用處。

Q. 肌肉酸痛時喝冷飲料好嗎？

應該說相反的喝熱飲料能放鬆肌肉收縮而治痛。熱溫能舒張肌肉細胞並貢獻力氣使血液循環，身體部份壓力就能被疏散，因血液更流動。這也能幫助體內細胞組織的發炎，疏散血小板和加速自然醫治。

Q. 北溫帶的夏天與熱帶地區的氣候有什麼差別？

與熱帶地區比較，北溫帶的地區的氣候是更寒冷和乾燥的。氣候乾燥就擁有少量水份容納氧氣的氣體。之所以，北溫帶的夏天除了炎熱是更加的乾燥也不容易下雨，反而熱地帶的氣候是更加溫潤也會經常下雨。擁有多氧氣的水份氣候使熱地帶比北溫帶的夏天更溫和，所以少於造成極端高溫度。除此之外，氣候的氧氣氣體更多不容易造成呼吸困難和氣管症狀。

Q. 農業物麥與米的最大差別是什麼？

麥的水份量沒有米的那麼高，畢竟麥是在乾燥的氣候和環境下生長的。相反的，種稻田很需要高量的水也剛好亞洲地區擁有的適合氣候和環境，比如許多大江和海洋。這些因素使米的水份好多，煮熟了後還能做粘膠。之所以，麥與米的最大差別是在於水份量，而米飯還需要水量來煮熟的。米和飯的水份量高也使它很容易吸收漿汁的份量和味道，反而麥的乾燥和厚度令它不太容易獻出濃烈的味量。

冬冬，我媽咪說要是這裡夢樂園地球能換另外一個方向旋轉的話，太陽公公就會從西邊升起了！我覺得媽咪的道理怪怪的耶！

這就是說在另外一個"金星"的靠近星球那裡,
它的旋轉方向就是從東邊到西邊的,
跟我們地球的方向是相反地。這會導致在金星面上,
太陽公公是從西邊升起, 而日落就會在東邊啦!

哇, 這樣好神奇喲!
原來媽咪那麼的聰明!
我要跟她學習多一點
科學道理了!謝謝,
冬冬妳的百科小站!!

為什麼熱帶的水果吃了容易上火/熱氣？

很直接的答案－熱地帶的水果，例如紅毛丹和榴槤在生長過程中需要吸收炎熱氣候的熱氣才可製造高量的糖份和熱量被保存在水果內。若一時無可吸收或應用某個程度的熱氣候的能量，水果或許會減少甜度因能製造的糖份比較低了。而當我們食用這糖份高的熱地帶水果類，被消化吸收的果內熱氣就跟着保存進我們的體內了(就因此上火啦！)。

頭髮的健康

奇奇，妳有沒有想過，為什麼吃鹽或漿油加的食物多會更掉多頭髮呢？

這個嘛。。。鹽是吸收或抽乾水份的吧？冬冬，妳不是早說過在海水中游泳會對頭髮的健康不利嗎？

沒錯，梅莉！昆蟲們自然的肢體渺小，所以牠們能為自己保護和抵抗巨大的生物真的滿有限的。之所以，牠們的一般長相和樣貌使其他生物，尤其是人類會特別想要避開或感到恐懼，就不會輕易接近的傷害牠們。

是啲，還有啊，妳們有沒有覺得奇妙的是大多所有昆蟲們都是整個肢體黑色的？

哇，今天聊得很爽！
謝謝冬冬！

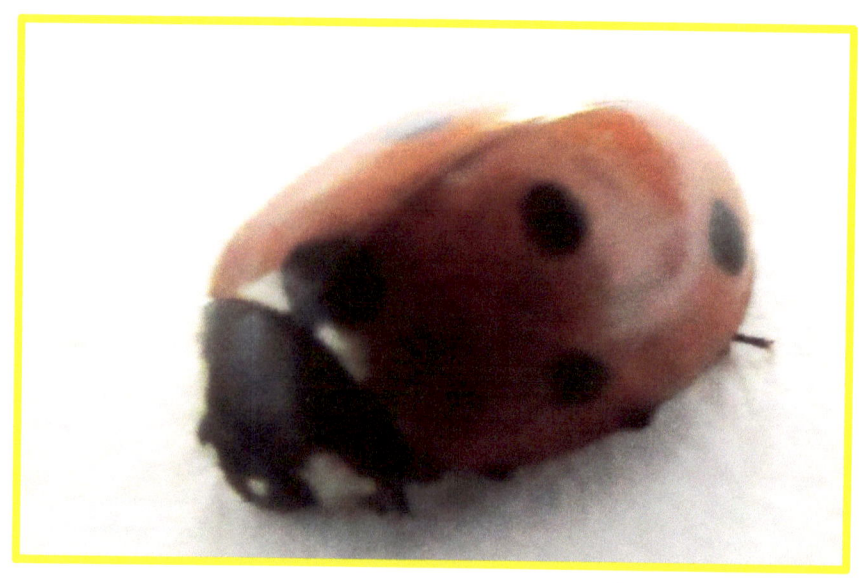

是耶！花先葉後，
是很特別！

嗯，我認為是梅花樹的花兒
對於氣候需要的窄小範圍比較敏感。
春天的氣候是會跟隨時間而上升的，
但是梅花兒需要很溫和不能太高溫度，
反而葉子是能應付一直飆升的氣候。
之所以，嬌嫩花兒先，耐苦葉子後。

天氣高溫時，如何應付？

冬冬，梅莉，我最近在想想，天氣超高溫時，究竟喝冷飲料還是洗澡會比較容易降低體溫。

冬冬不是說過熱浪時，不能用冰水洗澡嗎？對吧，冬冬？

是的，冰水是會造成身體不舒服，
原因在於血脈過度收縮也會影響到腦部
和心臟。若真的需要洗澡就最好是用溫水，
讓血脈擁有足夠時間跟慢速度適應水溫的
變化。當然，奇奇說喝冷飲料是對身體
比較安全，雖然這方法有點慢性，但是
喝了過後排尿會更健康有效！

嗯，冬冬，這我聯想到吊點滴
跟吃藥的大分別。吃藥比較慢性，
但是不容易導致快速度的生命危險！

對呀，梅莉！但是呢，也不能說喝冷飲不會影響到體內，反而還會更加接近到器官。

嗯，雖然接近到器官，但是也會避免最重要的腦部和心臟的血脈受到大變動的體溫影響。

"謝謝觀讀!"

"ROLLEEN RABBIT, MOMMY, AND FRIENDS' 4TH YEAR ANNIVERSARY!!!"